Ser elegante é...

CANDACE SIMPSON-GILES

Ser elegante é...

Um guia para se sair bem em qualquer situação

SEXTANTE

tradução: Leila Couceiro

preparo de originais: Alice Dias

revisão: Flávia Midori e Juliana Souza

projeto gráfico e diagramação: Valéria Teixeira

capa e imagem de capa: Silvana Mattievich

impressão e acabamento: Lis Gráfica e Editora Ltda.

CIP-BRASIL. CATALOGAÇÃO NA PUBLICAÇÃO
SINDICATO NACIONAL DOS EDITORES DE LIVROS, RJ

S621s Simpson-Giles, Candace
Ser elegante é... / Candace Simpson-Giles
[tradução de Leila Couceiro]; Rio de Janeiro:
Sextante, 2014.
128 p.; 14 x 21 cm.

Tradução de: How to be a lady

ISBN 978-85-431-0024-1

1. Etiqueta - Miscelânea. I. Título.

13-08170 CDD 395
CDU 395

Rua Voluntários da Pátria, 45 – Gr. 1.404 – Botafogo
22270-000 – Rio de Janeiro – RJ
Tel.: (21) 2538-4100 – Fax: (21) 2286-9244
E-mail: atendimento@esextante.com.br
www.sextante.com.br

Para minha mãe, Margie Smith,
que me ensinou que ser
elegante é uma das coisas mais
importantes quando se é mulher.

SUMÁRIO

Introdução

Quando *Ser elegante é...* foi publicado pela primeira vez, em 2001, o mundo era um lugar completamente diferente. O uso mais generalizado da internet, estabelecendo-se como um meio para nos comunicarmos, fazermos compras e conhecermos novas pessoas, certamente mudou muitos dos nossos padrões de relacionamentos e as regras de etiqueta conhecidas até então. Mas, embora várias coisas estejam diferentes no mundo de hoje, outras nunca mudam. Os princípios de boas maneiras permanecem os mesmos. "Por favor" e "obrigada" ainda funcionam muito bem em quase todas as ocasiões. E tratar os outros do mesmo jeito que você gostaria de ser tratada continua sendo a melhor forma de conduzir sua vida.

Ser uma mulher bem-vestida não a torna necessariamente elegante. A elegância vai muito além: está na atitude positiva, nos bons modos, na vestimenta apropriada, nos valores morais, na maneira como trata o outro, no jeito de encarar os desafios da vida.

E é dessa mulher elegante que este livro trata. Uma mulher que sabe que a educação é capaz de lhe trazer sucesso e dignidade. Que tem certeza de que o tamanho do manequim ou o saldo da conta bancária não define quem ela é. Que aprendeu que a beleza é passageira e que o caráter é a principal medida pela qual os outros irão julgá-la como pessoa.

A gentileza e a forma como valoriza a si mesma e aos outros irão refletir seus valores e torná-la uma mulher realmente elegante – não importa quantos anos se passem nem quanto o mundo se transforme.

Capítulo Um

ETIQUETA BÁSICA DO DIA A DIA

Cada encontro deixa impressões permanentes. Por isso, seja sempre cuidadosa e consciente de tudo o que faz.

Deixe as pessoas à vontade.

Seja graciosa e agradecida por qualquer gentileza que fizerem a você.

Jamais use a câmera do celular de uma forma que possa interferir na privacidade alheia.

Tenha sempre consideração com o tempo das pessoas, seja no trabalho, seja em casa.

Evite perguntar a casais de namorados quando eles vão se casar. Da mesma forma, não pergunte a pessoas casadas quando elas planejam ter filhos.

Quando estiver em grupo, não elogie uma pessoa em especial. Escolha um momento em que esteja sozinha com ela para fazer o elogio. Pode parecer estranho, mas exaltar alguém na frente de outros conhecidos pode causar constrangimento à própria pessoa e aos demais.

Aprenda a priorizar o que é importante para você. Arranje um jeito de estar disponível para sua família, seus amigos, sua carreira e as outras áreas importantes em sua vida. Mas esteja atenta para perceber quando estiver sobrecarregada e for hora de diminuir o ritmo e reavaliar suas prioridades.

Usando o celular

O telefone celular é provavelmente o instrumento de comunicação mais comum no mundo de hoje, porém não há motivos para deixar o bom senso de lado na hora de usá-lo. Seja o mais discreta possível, evitando falar alto demais e incomodar os outros. Além disso, é preciso estar sempre atenta para não dar mais importância à pessoa com quem está falando ao telefone do que àquelas que estão à sua frente. Isso significa que não é adequado atender a uma ligação quando você está no meio de um jantar com suas amigas ou com seu marido, por exemplo - a não ser que você esteja esperando um telefonema importante, é claro. Sempre há exceções, mas, como regra, evite falar ao celular quando estiver na companhia de alguém.

Isso também se aplica a outras situações. Se você está falando ao telefone e precisa entrar em uma loja, o ideal é terminar a conversa antes disso. Não tente conduzir a negociação na loja enquanto fala ao celular - mesmo que tenha pressa. É muito deselegante.

Suas conversas ao telefone são particulares. As pessoas ao seu redor não querem ouvir você fechando um negócio ou comentando seu programa de televisão favorito. Ninguém tem o menor interesse nos seus assuntos pessoais, assim como você não tem pelos dos outros. Portanto, seja discreta.

Se precisar atender ou fazer uma ligação num local público, afaste-se um pouco das pessoas e tente causar o mínimo de incômodo possível.

Vez por outra, todas nós ficamos tentadas a pedir conselhos profissionais a amigos, como médicos ou advogados. É um hábito comum e, a princípio, não tem nada de errado em fazer isso. O problema é que algumas pessoas exageram e se tornam inconvenientes. Se você precisa apenas de um conselho ou de uma dica rápida – e se for íntima do profissional –, não há mal nenhum em pedir ajuda. Mas se o caso for complexo, marque uma hora no escritório ou consultório do seu amigo e pague pelos serviços prestados. Se ele insistir em oferecer assistência gratuitamente ou por um preço reduzido, fique à vontade para aceitar o gesto.

No teatro

Quando for ao teatro, procure chegar pontualmente à apresentação. Atrasar-se para um espetáculo demonstra falta de respeito não só com os artistas, mas também com as outras pessoas da plateia, que chegaram na hora e serão incomodadas por você enquanto procura seu lugar.

Se o atraso for inevitável, siga as orientações dos funcionários do teatro. Em alguns casos, não é possível entrar na sala após o início do espetáculo, e você terá que esperar até o intervalo.

Não custa lembrar: não converse durante a apresentação e não se esqueça de desligar o celular. Também vale a pena levar uma bala de hortelã na bolsa – ela vai salvá-la se você for surpreendida por uma crise de tosse!

Ao fazer pagamentos, depósitos ou saques num caixa eletrônico, esteja preparada. Você não precisa esperar chegar a sua vez para abrir a bolsa, pegar a carteira, achar o cartão, procurar os documentos, preencher o cheque... Faça isso com antecedência para não atrasar a vida das pessoas que estão na fila atrás de você.

Caso se encontre na companhia de alguém que esteja lhe causando algum constrangimento, você tem todo o direito de pedir que essa pessoa a leve de volta para casa. Se ela se recusar, simplesmente pegue um táxi e vá embora.

Procure manter a calma ao falar com um atendente de telemarketing, por mais indiferente, irritante ou mal-intencionado que ele pareça ser. Discutir com uma pessoa que você não conhece não vai levá-la a lugar algum.

Se você precisar sair da mesa durante um jantar – por qualquer motivo –, basta pedir licença e se levantar. Não é necessário dar nenhuma explicação.

Sempre que você pedir alguma coisa emprestada, devolva-a o mais rapidamente possível e na mesma condição em que a recebeu. Mandar um bilhetinho de agradecimento é um gesto bem simpático.

Nunca aceite sair com alguém por medo de ficar sozinha. Muito menos comece um relacionamento para esquecer um antigo amor.

O fim de um romance é algo muito íntimo. Evite comentar detalhes dos motivos que levaram ao rompimento e, principalmente, não fique apontando os defeitos da pessoa. Não pega bem.

Da mesma forma, também é preciso ser cuidadosa ao falar sobre o parceiro de outra pessoa. Não critique o namorado ou marido de uma amiga, mesmo quando pedirem sua opinião.

Hoje em dia, muita gente se conhece pela internet. Mesmo que essa não seja sua maneira preferida de iniciar um relacionamento, respeite a escolha dos outros. Você não deve julgar um casal só porque eles se conheceram num site de namoro ou de qualquer outro modo que não seja "correto" do seu ponto de vista.

Ao sair com seu cachorro para passear, leve sempre um saquinho para limpar a sujeira que ele deixar na rua.

Trate todos os animais - domésticos ou não - com respeito. Eles merecem nossa consideração.

Indo a um enterro

Um enterro é um momento de prestar condolências. Vista uma roupa discreta em cor escura. Se houver velório, missa ou visita à família do falecido, chegue na hora marcada e espere em silêncio na fila de cumprimentos. Faça comentários simples e sinceros, evitando se estender demais.

Converse o mínimo possível durante a cerimônia e sente-se no local que lhe for indicado. Caso chegue atrasada, acomode-se em silêncio nos últimos bancos da igreja. Se houver um livro de visitas, assine-o.

Você pode ir ao velório de qualquer pessoa que tenha conhecido pessoal ou profissionalmente. Se você tiver tido um relacionamento próximo com o falecido – especialmente se já foi recebida na casa dele algum dia –, não deixe de comparecer ao funeral e dar os pêsames à família.

Desligue o celular quando estiver assistindo a qualquer tipo de apresentação ou participando de uma reunião de negócios. Se estiver esperando alguma ligação importante, coloque o telefone para vibrar. Quando sair com os amigos, deixe-o dentro da bolsa. E divirta-se.

O celular, a internet e as redes sociais se tornaram um verdadeiro vício. Mas resista à tentação de atualizar o Facebook, mandar torpedos ou olhar o Twitter quando estiver na companhia de outras pessoas.

Nunca faça comentários sobre a falta de educação dos outros. Isso também é falta de educação!

Quando você estiver com febre ou suspeitar que pegou alguma doença contagiosa, evite sair de casa. É claro que nem sempre será possível faltar ao trabalho por causa de uma gripe, mas o importante é se preocupar em não colocar a saúde de outras pessoas em risco.

No supermercado

Quando vamos ao supermercado, muitas vezes encontramos alguém conhecido. É um prazer reencontrar um amigo e conversar um pouco – só não podemos fazer isso paradas na frente da seção de frutas! Não deixe que seu bate-papo atrapalhe o fluxo das pessoas ou bloqueie o acesso delas às mercadorias.

Antes de chegar ao caixa, decida qual será a forma de pagamento e jamais escolha a fila para poucos itens se você comprou mais produtos que o permitido para entrar nela.

Seja rápida ao passar as compras para não gastar muito tempo no caixa. Se alguém na fila puxar conversa com você, não deixe que isso a atrase. É dever de cada um cuidar para que esse processo aconteça de forma eficiente.

Durante uma sessão de cinema, evite conversar. Se precisar comentar algo, fale bem baixinho, para não incomodar quem estiver sentado perto de você. O mesmo vale para peças de teatro, missas e apresentações de todos os tipos.

Toda vez que chegar a uma porta, abra-a e deixe a pessoa atrás de você passar primeiro.

... E agradeça sempre que abrirem uma porta para você, mesmo se estiver no meio de uma conversa ou falando ao telefone. Você nunca estará ocupada demais para agradecer pelas delicadezas que lhe fizerem.

Seja uma boa vizinha e ofereça ajuda quando for necessário.

Num concerto ou em qualquer outro show musical, só se deve aplaudir no fim do número completo. Se você não tiver certeza se acabou, espere o resto da plateia se manifestar.

Ao mandar um recado para alguém – por e-mail ou telefone –, não fique cobrando uma resposta, principalmente se o assunto não for urgente.

A academia de ginástica é sua oportunidade para ficar em forma. Portanto, concentre-se nos exercícios e vista-se adequadamente para não chamar atenção demais. Use um top que dê sustentação ao busto e escolha calças ou shorts que sejam práticos e tenham um bom caimento em seu corpo. Não vá para a academia com a intenção de arrumar um namorado ou se atualizar sobre as últimas fofocas. Se você levar a ginástica a sério, o esforço valerá a pena.

Viajando de avião

Os passageiros de um mesmo voo estão ali devido a uma mistura de acaso e necessidade. Nessas situações, é importante que todos respeitem e sigam algumas regras.

Chegue ao aeroporto com pelo menos duas horas de antecedência para fazer o check-in e despachar suas malas sem ter que sair correndo para não perder o voo. Ao passar pela esteira de raios X, coloque seus pertences na cesta sem reclamar e seja simpática com os funcionários da segurança, mesmo que esse seja um momento desagradável para ambos.

Não exceda o limite de peso permitido para a bagagem de mão. Acomode-a no bagageiro superior, mas tome cuidado para não deixá-la cair em cima dos outros passageiros. Se for uma frasqueira pequena, você pode colocá-la debaixo do seu assento. Preste sempre atenção para não invadir o espaço reservado às outras pessoas.

Sente-se no lugar determinado pelo número do seu bilhete de embarque. Se por algum motivo você se acomodar na poltrona errada e lhe pedirem que saia, não discuta. Apenas levante-se e procure o seu assento. Por outro lado, você não precisa se sentir obrigada a abrir mão de seu lugar se alguém lhe fizer esse pedido – embora esse gesto, se não trouxer nenhum prejuízo para você, seja uma enorme gentileza.

Procure permanecer sentada durante todo o voo. Ir ao banheiro é uma das poucas justificativas para se levantar. Em viagens muito longas, no entanto, não hesite em ficar de pé por alguns momentos para esticar as pernas. Mas lembre-se: quando sair do assento, peça licença e tente causar o mínimo de incômodo possível, tomando cuidado para não esbarrar nos outros passageiros.

Uma viagem de avião é uma das raras situações em que é totalmente aceitável duas pessoas ficarem lado a lado por horas sem conversar. Elas podem começar a viagem como estranhas e terminá-la da mesma forma, sem que ninguém se sinta ignorado ou ofendido por isso.

Quando você receber um elogio, apenas responda "obrigada". Nada de se subestimar, como se não merecesse a admiração dos outros.

É proibido dirigir falando ao celular. Se o seu telefone tocar quando você estiver em trânsito, estacione e retorne a ligação. Assim você não desobedece à lei e não corre o risco de provocar acidentes.

Em alguma ocasião talvez você tenha que ir a igrejas ou a templos de religiões diferentes da sua. Se não souber como se comportar, observe o que os fiéis fazem. Se eles se levantarem, faça o mesmo. Mas você não é obrigada a fazer o sinal da cruz, se curvar ou se ajoelhar.

Use a buzina do carro com parcimônia. Não fique buzinando por aí o tempo todo – mas não deixe de usá-la se for para evitar uma batida.

A seta do carro tem uma função valiosa. Não se esqueça de ligá-la quando você for virar à direita ou à esquerda. Assim você avisa a sua intenção aos pedestres e aos outros motoristas.

Maquiar-se enquanto dirige, além de perigoso, não é nada elegante!

Seja cuidadosa ao estacionar seu carro. Abra a porta devagar para não esbarrar no automóvel parado ao lado. Se, por acaso, sua porta arranhar o outro veículo estacionado, deixe um bilhete com seu número de telefone e arque com as despesas.

Não telefone para alguém nem muito cedo nem tarde da noite, a não ser no caso de uma emergência. Evite também fazer ligações nos horários em que as pessoas possam estar almoçando ou jantando.

Tenha consideração por seus vizinhos e mantenha o volume da TV ou do aparelho de som numa altura razoável. Você deve sempre se preocupar em não incomodar os outros.

Nunca leve seu animal de estimação à casa de outra pessoa, a não ser que insistam para que você faça isso. Do mesmo modo, você não precisa se sentir obrigada a receber animais de outras pessoas na sua casa.

Dá muito trabalho controlar o comportamento de um cão. Sabendo disso, não atrapalhe a vida das pessoas provocando o cachorro delas e brincando de fazê-lo latir.

Quando você estiver em um restaurante e reconhecer amigos ou conhecidos sentados em outra mesa, fique à vontade para cumprimentá-los, mas da forma mais discreta possível. Você pode ir até a mesa deles para dar um oi, desde que não interrompa o jantar ou a conversa do grupo por muito tempo.

Nada dá mais orgulho às pessoas do que seus filhos. Se quiser fazer uma amiga feliz, basta elogiar os filhos dela.

Se você mora em um prédio, lembre-se de que saltos altos fazem um barulho horrível no apartamento de baixo. Evite caminhar com eles dentro de casa.

Quando você estiver se mudando de um imóvel alugado, deixe o local limpo e pintado antes de sair de lá.

Se você não tiver nada de bom a dizer, não diga nada.

Capítulo Dois

VESTINDO-SE COM ELEGÂNCIA

Quando você não tiver certeza do traje apropriado para uma festa, pergunte a quem organizou o evento.

Não use roupas justas ou decotadas a ponto de fazer você passar vergonha. Vista-se de forma adequada à sua idade e ao seu tipo de corpo.

Também não use nada que, de alguma forma, possa deixar os outros constrangidos.

Antes de decidir o que vestir em um evento, procure saber quem são as outras pessoas que estarão presentes. Depois, vista-se de acordo com o resto dos convidados.

Toda mulher fica melhor com determinados tecidos, cores e estampas. Saiba quais são os que caem melhor em você e abuse deles.

Por mais doloroso que seja, é importante se desfazer dos seus sapatos quando eles já estão velhos e desgastados. Mesmo os seus favoritos.

Pense duas vezes antes de calçar saltos altos se você tiver que ficar muito tempo em pé ou precisar andar bastante.

Blusas transparentes costumam ser amadas pela maioria das mulheres. Quando for usá-las, coloque uma camiseta por baixo, para que o sutiã não apareça. Fica mais composto e bem mais elegante.

Monte seu guarda-roupa com peças de boa qualidade que não sairão de moda na próxima estação e que poderão ser usadas várias vezes.

Uma bolsa para cada ocasião

A utilidade, o tamanho, o modelo e a função das bolsas variaram muito ao longo dos anos devido à evolução da moda, ao crescente papel da mulher na sociedade e às mudanças no nosso estilo de vida. O fato é que hoje em dia ela é um acessório indispensável no visual feminino. Algumas mulheres não conseguem sair sem a bolsa nem para ir à padaria. Outras carregam tanta coisa dentro dela que chegam a ter problemas de coluna por causa do excesso de peso. Há também as que preferem o estilo carteira, em que cabe só o essencial.

Seja qual for a sua personalidade ou o seu gosto pessoal, saiba que também há algumas regras que devem ser consideradas na hora de escolher a bolsa certa para cada ocasião.

Se você vai andar de ônibus ou for a algum lugar muito cheio, evite usar uma bolsa grande. Além de ser difícil "manobrá-la" entre as pessoas, você pode machucar alguém. Nessas situações, prefira um modelo menor, mais fácil de carregar.

Para festas, casamentos ou eventos formais, em que você esteja com um vestido elegante, o ideal são bolsas pequenas, forradas, com apliques, bordados ou brilho.

Uma bolsa de couro de tamanho médio vai bem em um coquetel de negócios ou em uma reunião de trabalho num restaurante. Já uma bolsa muito volumosa é difícil de carregar num salão lotado ou num restaurante sem bater em ninguém. (Atenção para o lugar onde pendurar a bolsa na hora de se sentar à mesa para que ela não fique no caminho do garçom.)

Se você vai se encontrar com um cliente, dê preferência a uma bolsa tipo pasta, onde possa guardar documentos, laptop, tablet e objetos pessoais. Hoje em dia há vários modelos adaptados para essa necessidade. Carregar duas bolsas - uma com os itens para a reunião e outra com seus pertences - pode deixá-la atrapalhada, o que acaba com a sua imagem.

Numa viagem de férias, as bolsas maiores podem ser a opção certa. Mas é interessante levar uma bolsinha menor para colocar alguns itens essenciais quando você for a restaurantes ou fizer passeios curtos. Assim você não precisa ficar carregando uma bolsa cheia e pesada o tempo todo.

A bolsa reflete a personalidade e a atitude da mulher em um determinado momento. Alguns especialistas em moda afirmam que escolhê-la corretamente é tão importante quanto usar as joias certas. Usar uma bolsa de bom gosto, que combina com a roupa e com a ocasião, proporciona à mulher um tipo de autoconfiança especial - aquela de quando ela sabe que está impecável.

A postura é tão importante quanto
a roupa. Fique atenta!

O conteúdo da sua bolsa só interessa a você.
Se estiver procurando alguma coisa dentro dela,
tenha paciência e olhe com calma. Jamais despeje
o conteúdo sobre a mesa à vista de todos.

Mesmo que você esteja pretendendo começar uma dieta na segunda-feira, não compre uma roupa apertada na esperança de que um dia ela irá servir. Em geral, isso não dá certo e você acaba jogando dinheiro fora.

Se o ambiente de trabalho for muito formal, dê preferência a sapatos fechados.

Tenha cuidado ao escolher suas joias e bijuterias. No trabalho, vale optar por peças mais sóbrias e discretas – é melhor as pessoas olharem nos seus olhos do que serem hipnotizadas pelos seus enormes brincos balançando de um lado para outro.

Certifique-se de que suas unhas dos pés estejam bem-feitas quando for usar sandálias abertas.

É terminantemente proibido pintar as unhas em público. Além de ser muito deselegante, o cheiro forte do esmalte pode incomodar as pessoas.

Sapatos brancos não foram feitos para serem usados em dias frios ou chuvosos. Guarde-os para quando estiver calor.

Se você pinta o cabelo, marque um horário no salão assim que as raízes começarem a aparecer.

Se você pretende usar uma roupa que deixa as pernas à mostra, elas devem estar depiladas. Se não estiverem – e a ocasião permitir –, use meia-calça.

Durante um encontro

Ao longo de sua vida, você provavelmente terá diversos encontros românticos. E seja num restaurante fino, seja num show de rock, você deve saber como se comportar de maneira adequada.

Com certeza você já sabe quanto tempo costuma levar para se arrumar; portanto, não há motivos para não estar pronta quando chegarem para buscá-la.

Se você não tiver certeza de que tipo de roupa deve vestir, pergunte ao rapaz aonde ela pretende levá-la – assim você poderá escolher o modelito certo. Além disso, terá a oportunidade de dizer se gosta ou não do lugar. Fique à vontade para fazer isso, mesmo que seja a primeira vez que vocês estejam saindo juntos.

Num restaurante, escolha um prato de que você realmente goste. Não diga que quer salada se estiver com vontade de comer massa. Mas também não vá pedir o item mais caro do cardápio!

Nem sempre dois indivíduos que acabam de se conhecer se dão bem. Às vezes a mulher percebe logo de cara que o homem à sua frente não tem nada a ver com ela. Mesmo assim, o ideal é ser simpática e levar o encontro até o fim. Procure não reclamar do restaurante que ele escolheu, a não ser que você tenha alergia ao tipo de comida servida no estabelecimento. Por mais entediada que você esteja, fique até o final do jantar e agradeça pelo convite. Em hipótese alguma finja que está passando mal ou que acabou de se lembrar de um compromisso inadiável como desculpa para ir embora.

Nunca ajeite o sutiã ou o busto na frente de outras pessoas. Aliás, evite que as alças do sutiã apareçam, a menos que seja intencional para o estilo da roupa.

Cabeleireiro não faz mágica. Não vá ao salão com uma foto de revista achando que o profissional vai deixar os seus cabelos iguais aos da top model que você mostrar.

Seu cabelo expressa quem você é, assim como as suas roupas. Cuide bem dele e da imagem que quer transmitir.

Não use o salão de beleza como consultório de análise. É deselegante ficar falando dos seus problemas na frente das outras pessoas.

Como fazer as malas

Seja para uma viagem rápida a negócios, seja para um longo passeio de férias, haverá muitas oportunidades em que precisará fazer as malas. Por isso, é importante se lembrar de algumas dicas antes de começar a separar suas roupas.

Você não precisa levar o guarda-roupa inteiro para passar um fim de semana numa pousada. Planeje o que pretende vestir a cada dia e leve apenas o que vai usar durante a viagem, talvez uns dois pares de roupa a mais que o suficiente.

Nas viagens de avião, fique atenta ao limite de peso que você pode levar em cada mala. Se você não tem certeza da quantidade de malas ou do peso que é permitido para cada passageiro, telefone para a companhia aérea ou procure a informação na internet. Caso sua bagagem exceda o limite permitido, você deverá pagar uma taxa. Não reclame – afinal, regras são regras.

Nunca faça uma mala que você não consiga levantar do chão com facilidade. Embora muitas vezes apareça um cavalheiro para ajudá-la a carregar a bagagem, não dá para contar com isso.

Muitos hotéis possuem secador de cabelo nos quartos. Antes de colocá-lo na mala, verifique se o hotel já oferece esse item. Isso evita que você precise carregar peso extra à toa.

Eventualmente, malas são trocadas, perdidas ou extraviadas. Portanto, certifique-se de que as suas estejam devidamente identificadas e sejam fáceis de distinguir das demais.

Doe as roupas que estão em bom estado
e que você não usa mais.

Controle sua curiosidade e jamais pergunte a
outra mulher quanto custou a roupa dela
ou que tamanho ela veste.

Também nunca pergunte se as
joias dela são verdadeiras.

Usar muitos anéis na mesma mão
não é nada elegante.

Embora haja muitos modelos de calças jeans
disponíveis no mercado, é difícil encontrar uma
que caia perfeitamente bem no corpo de alguém.
Mas não desista. Continue procurando até
encontrar o modelo ideal para você.

Para saber o tipo de roupa adequado para o
seu local de trabalho, siga o exemplo de sua
supervisora ou gerente. Não tem erro.

Só porque uma roupa está disponível no seu tamanho não significa que você deva usá-la. Tenha bom senso.

Se você vai viajar e não sabe muito bem como é o clima no lugar para onde está indo, peça ajuda ao seu agente de viagens ou faça uma pesquisa na internet. Nunca parta sem informações sobre que tipo de roupa deve levar.

Os tamanhos das roupas podem variar muito. Às vezes, uma peça 42 de uma loja pode ser igual à 38 de outra. Portanto, não ligue tanto para o número, e sim para o caimento da peça.

Pense nessa diferença de tamanhos especialmente nas compras pela internet. Alguns sites possuem tabelas com as medidas de cada modelo. Consulte-as para verificar se as roupas são compatíveis com seu corpo. De qualquer forma, informe-se sobre a política de troca e devolução antes de confirmar o pedido.

Elegância numa cerimônia de casamento

Não é preciso nem dizer que você só deve ir a um casamento se tiver sido convidada.

Se o convite não for extensivo a um acompanhante, vá sozinha, mesmo que haja uma recepção em seguida. Chegue pontualmente e acomode-se no lado correto da igreja – onde estiverem os parentes e amigos ou do noivo ou da noiva, dependendo de quem você for mais próxima. Caso seja muito amiga de ambos, escolha o lado onde houver mais lugares vazios. Durante a cerimônia, sente-se ou levante-se quando todos fizerem o mesmo e não converse durante a música. Na recepção, se houver fila de cumprimentos, parabenize os noivos e os pais de ambos.

Ao escolher a roupa que vai usar num casamento, tenha sempre o cuidado de não escolher nada que possa chamar mais atenção que o vestido da noiva. E nunca, nunca, use branco.

Fique atenta à transparência do vestido ou da saia. Se for necessário, use uma combinação por baixo.

Tem dúvidas se a roupa que está vestindo
a faz parecer gorda? Mude de roupa, mas
jamais faça essa pergunta a alguém.

Na dúvida sobre que cor usar, escolha o preto.

Tenha uma coisa sempre em mente:
moda passa, mas estilo é para sempre.

Falsa simpatia é tão óbvia quanto cílios falsos.
Todo mundo percebe.

Capítulo Três

SAINDO PARA JANTAR

Muitas comidas sofisticadas são decoradas com algum elemento para adicionar sabor, aroma ou beleza ao prato. Mas atenção: nem sempre ele é comestível.

Quando tiver alguma experiência desagradável em um restaurante, não discuta com o garçom. Apresente sua queixa à gerência ou aos donos do restaurante, para que o problema possa ser resolvido. E, a menos que valha a pena arriscar-se novamente, não volte mais a esse restaurante.

Ao sair com alguém, ofereça-se para dividir a conta. Se a pessoa insistir em pagar tudo sozinha, aceite graciosamente a generosidade e agradeça.

Procure sentar-se sempre com a postura correta, especialmente à mesa.

Chegue pontualmente quando fizer reserva em um restaurante. Ao atrasar-se, você corre o risco de perder a mesa. Além disso, é uma indelicadeza com quem está esperando por você.

Retocar a maquiagem à mesa do restaurante tira o glamour de qualquer mulher. Controle-se.

Mesmo que você esteja com um grupo grande num restaurante cheio e barulhento, não fale alto a ponto de chamar atenção das pessoas das outras mesas. Evite também dar gargalhadas exageradas.

Pode parecer uma regra antiquada, mas cotovelos apoiados na mesa durante a refeição ainda estão proibidos. Certas coisas não mudam nunca!

Não se deve passar manteiga no pão inteiro de uma vez. Corte um pedaço, passe manteiga e coma. Faça o mesmo a cada pedaço. Você só não precisa fazer isso quando se tratar de pães pequenos, broas e bolinhos.

Se, por uma infelicidade, você tiver uma crise de tosse, espirros ou soluços à mesa, cubra a boca com um guardanapo.

Por mais calórico que seja o prato que você pediu – e por mais íntimos que sejam seus acompanhantes –, nunca fale sobre quanto você vai engordar depois de ter comido tanto.

Hoje em dia é bastante comum levar para casa, numa embalagem para viagem, a comida que sobrou do restaurante. Mas, por favor, não vá dizer que é para o cachorro!

Não há mal algum em provar a
comida do prato de outra pessoa.
Mas não peça – espere que ela ofereça.

Se acontecer de você ficar com um pedaço de comida preso entre os dentes, não fique lutando para tirá-lo com a língua. Todo mundo vai perceber. Peça licença para se levantar da mesa e resolver o problema.

Se o seu prato demorar para ser servido e os das outras pessoas da mesa já tiverem chegado, diga, com sinceridade: "Por favor, fiquem à vontade para começar a comer antes de mim."

Se foi você quem fez o convite para o almoço ou o jantar, a responsabilidade de fazer a reserva no restaurante é sua.

Como usar os talheres

Se a mesa tiver sido posta corretamente, você não precisa ter dúvidas sobre como utilizar os talheres – basta usá-los na ordem em que se encontram dispostos, de fora para dentro. Ao receber o primeiro prato da refeição, use o garfo e a faca que estiverem mais longe dele. Quando terminar, deixe os talheres usados no prato, que será levado pelo garçom. Faça o mesmo a cada prato que chegar à mesa, de forma que, quando a sobremesa for servida, tenha sobrado um garfo, uma colher e uma faca à sua frente.

Mesmo que os talheres estejam dispostos da maneira errada, siga essa lógica.

Nunca deixe que talheres sujos de comida toquem a toalha da mesa. Enquanto estiver comendo e depois que terminar a refeição, coloque-os sobre o prato.

Quando estiver fazendo uma refeição em qualquer lugar – num restaurante ou na casa de alguém –, nunca coloque sal na comida antes de prová-la. Isso é uma ofensa para quem cozinhou. Sem contar que sal em excesso faz mal à saúde.

Como pedir uma garrafa de vinho

Caso você convide pessoas para um jantar, assuma a responsabilidade de escolher o vinho que será servido. Se tiver experiência no assunto, opte por um vinho de que goste e cujo preço possa pagar. Se não tiver muita certeza, fique à vontade para pedir sugestões a seus convidados ou ao maître.

Em geral, vinho tinto é a escolha certa para acompanhar pratos de carne vermelha, massas com molho de tomate e a maior parte das comidas mais pesadas. Vinhos brancos são normalmente selecionados para acompanhar peixe, frango, salada e massas com molhos mais leves. No entanto, você tem liberdade para escolher o vinho que preferir.

No restaurante, o garçom irá apresentar uma garrafa, mostrando-lhe o rótulo. Em seguida, servirá uma pequena quantidade de vinho na sua taça. Você deve provar e, se o vinho estiver a seu gosto, permitir que o garçom encha as taças de todos à mesa.

A garrafa de vinho branco costuma ser deixada num balde de gelo ao lado da mesa, enquanto a garrafa de vinho tinto fica sobre a mesa. Em ambos os casos, você pode esperar que o garçom volte para servir mais vinho a quem está com a taça vazia, ou pode assumir essa tarefa.

Uma reserva é um contrato verbal entre você e o restaurante. Só reserve uma mesa se você realmente tiver a intenção de comparecer no horário marcado. Se precisar cancelar ou houver mudança no número de pessoas em sua mesa, informe o estabelecimento com o máximo de antecedência possível.

Se você não tiver certeza de como se vestir para ir a um restaurante onde pretende jantar, procure se informar com antecedência. Se foi você quem fez o convite, transmita a informação aos convidados.

Num coquetel ou jantar formal, se você colocar na boca algo que a desagrada, livre-se disso da forma mais eficiente possível. Na maioria dos casos, você pode simplesmente usar os dedos ou o garfo. Seja rápida e discreta e não tente disfarçar escondendo o gesto por trás do guardanapo.

Diante de um prato de massas longas, como espaguete, linguine ou fettuccine, resista à tentação de cortar tudo com uma faca. Em vez disso, enrosque uma quantidade não muito grande no garfo com a ajuda de uma colher e leve-a à boca.

Usando guardanapos de pano

Depois de sentar-se à mesa do restaurante, a primeira coisa que você deve fazer é colocar o guardanapo sobre o colo. Não espere que o garçom faça isso, embora esta prática seja adotada em alguns restaurantes extremamente finos.

Se você precisar se levantar durante o jantar, deixe o guardanapo levemente dobrado sobre seu assento. Não coloque-o de novo na mesa até se preparar para ir embora.

Nunca aceite um convite para jantar presumindo que a outra pessoa irá pagar a sua conta. Esteja preparada.

Não tente barganhar o preço da conta nem deixe de dar os 10% do serviço. Não é obrigatório, mas é um ato de generosidade.

Sair com amigos é uma delícia, mas pode dar dor de cabeça na hora de pagar a conta. Por isso, prefira bares e restaurantes que tenham comandas separadas para a mesma mesa.

É costume que os garçons anotem o pedido das mulheres primeiro. Se, ao ser abordada, você ainda não souber o que vai pedir, diga aos seus acompanhantes que façam o pedido primeiro, mesmo que você seja a única mulher do grupo.

Capítulo Quatro

DIGA A COISA CERTA

Não dê opiniões enfáticas sobre temas polêmicos numa conversa com pessoas que você não conhece muito bem – principalmente se forem do trabalho. Muita gente leva certos assuntos para o lado pessoal.

Quando estiver escrevendo um e-mail, uma carta ou mesmo um bilhete e não tiver certeza da grafia de determinada palavra, consulte um dicionário.

Não corrija a forma de falar de outra pessoa.

Falar palavrão é altamente deselegante.

"Por favor" e "Obrigada" ainda são as palavras mágicas. Não se esqueça disso.

Não conte vantagem nem fique falando bem de si mesma. Se você tem qualidades, os outros perceberão naturalmente.

Por outro lado, também é horrível quando a mulher fica se lamentando e reclamando o tempo todo.

O elogio ilumina a vida das pessoas. Saiba fazer um na hora certa.

Saiba aceitá-lo também. Quando receber algum, diga simplesmente "obrigada". Nunca responda "Ah, essa coisa velha?" quando alguém elogiar sua roupa, por exemplo. Desmerecer um elogio como esse equivale a questionar o bom gosto da outra pessoa.

Nunca ofenda outra pessoa intencionalmente.

Como iniciar uma conversa

Seja numa festa, num evento de trabalho ou em outra ocasião formal, sinta-se à vontade para iniciar uma conversa com qualquer pessoa que lhe pareça agradável. Para quebrar o gelo, fale sobre algo positivo, jamais toque num assunto polêmico. Diga coisas como: "Este lugar não é lindo?" ou "A comida está uma delícia, não?". Se a outra pessoa responder cordialmente, continue fazendo perguntas até a conversa deslanchar. Você ainda está reconhecendo o terreno. Não se aventure por tópicos controversos nem emita opiniões de cunho político que possam levar a uma situação constrangedora.

Embora fofocas pareçam algo inofensivo, elas podem prejudicar - e muito - outras pessoas. Por isso, evite-as a todo custo.

Pense sempre duas vezes antes de falar qualquer coisa. Muitas vezes causamos estragos enormes simplesmente por não prestar atenção a nossas palavras.

Nunca conte piadas que possam deixar outras pessoas constrangidas. E não ria se alguém contar uma piada ofensiva. Deixe claro que essa atitude não lhe agrada.

É importantíssimo saber como pedir e aceitar desculpas.

Como terminar uma conversa

Toda conversa deve chegar ao fim. Você não está sendo grosseira nem sem consideração quando coloca um ponto final no bate-papo.

Em geral, se você telefona para alguém, é sua responsabilidade terminar a ligação. Se uma conversa é iniciada no seu escritório, ou na sua mesa de trabalho, também é você que deve finalizar o assunto.

Ao telefone, você pode dizer algo como: "Adorei conversar com você. Espero que a gente possa se falar de novo em breve." Se estiver falando pessoalmente em seu local de trabalho, levante-se, agradeça a outra pessoa por ter ido lá encontrá-la e despeça-se.

Mesmo em eventos sociais, como um coquetel, você pode terminar uma conversa graciosamente dizendo: "Gostei muito de conhecê-lo. Você gostaria de ir comigo até o bar?" Isso lhe dá uma chance de apresentar a pessoa a outros convidados. Se ela decidir não acompanhá-la, diga apenas "Foi ótimo conversar com você" e sinta-se à vontade para sair de perto dela.

Se alguém lhe pedir desculpas sinceras, aceite de coração aberto. Você não vai fazer de conta que a ofensa nunca existiu, mas deixe-a para trás e siga em frente.

Não levante a voz quando você estiver com raiva. Gritar só é apropriado quando você está tentando salvar alguém de algum perigo ou torcendo durante uma partida de futebol.

Como pedir desculpas

Por mais que tente ser agradável e ter consideração pelos outros, você também é humana e comete erros. Quando isso acontecer, reconheça sua falha e aja imediatamente para corrigir o erro que cometeu.

Resista à tentação de escolher o caminho mais fácil e escrever um e-mail pedindo desculpas. O melhor é fazer isso pessoalmente (a não ser, claro, que o problema tenha acontecido durante uma conversa ao telefone) e ir direto ao ponto.

Quando pedir desculpas, seja sincera. Diga o que sente e mostre que sabe que esse pedido não minimiza o seu erro. Depois, não toque mais no assunto. Por outro lado, você nunca deve pedir desculpas que não sejam verdadeiras, especialmente se achar que não fez nada de errado.

Retorne as ligações deixadas na secretária eletrônica ou na caixa de mensagens do celular o mais rápido que puder.

Apesar de todo mundo saber que as mulheres ficam menstruadas, esse não é um assunto para ser conversado. Ninguém precisa saber quando você está naqueles dias.

Fazendo uma reclamação

Há momentos em que você tem toda razão para registrar uma queixa: ao receber um mau atendimento, ao ser tratada de forma grosseira, ao ser injustiçada de alguma forma. Nesses e em outros casos, você tem o direito de manifestar seu desagrado – não apenas em respeito a seus próprios sentimentos, mas também para que tais atitudes não se repitam com outras pessoas.

No entanto, é inútil reclamar com a pessoa errada. Por exemplo, se você foi mal atendida em um restaurante, não reclame diretamente com o garçom, que pode não ter nenhuma intenção de mudar seu comportamento. Em vez disso, fale com o gerente, que poderá tomar providências para que o problema não se repita.

Ao fazer a reclamação, seja objetiva. Dê razões específicas para seu descontentamento e não faça ameaças. Se após a reclamação o serviço continuar ruim, você pode optar por não voltar mais lá. Ninguém é obrigado a frequentar um estabelecimento que lhe presta um serviço de má qualidade.

Nunca fique de segredinhos com alguém
quando estiver na presença de outras pessoas.
Se você tem algo para falar que não pode ser
dito na frente dos outros, espere até ficar
sozinha com a pessoa.

Diante do luto

Muita gente tem dúvidas sobre como se comportar numa situação de luto. Quando uma pessoa que você conhecia, admirava ou respeitava falece, você deve expressar seus pêsames de forma sincera e discreta, como já foi dito antes.

Mas a maior dúvida, em geral, é sobre como agir quando uma pessoa próxima de nós perde um ente querido. Se isso acontecer, esteja ao lado dela para dar apoio. Tome a iniciativa para resolver pequenas pendências por ela, dê-lhe toda a assistência que puder. Nesse momento, ela não irá pedir sua ajuda – mas você deve estar ao lado dela para não lhe deixar faltar nada.

Evite mandar mensagens de pêsames e condolências pelo Facebook ou por e-mail. É melhor do que nada, mas o ideal é falar diretamente com a pessoa e expressar sua solidariedade.

Algumas perguntas são muito embaraçosas e nunca devem ser feitas. Por exemplo:

Você não se lembra mesmo de mim, não é?
De onde eu o/a conheço?
Quando é que você e o Bob vão se casar afinal?
Quando é que você e o Bob vão ter um filho?
Qual é a idade do Bob?
Quanto custou seu sapato/seu vestido/sua bolsa?

Quando usar senhor/senhora

Embora hoje em dia as relações estejam mais informais, é sempre prudente, quando se conhece uma pessoa, usar um tratamento mais respeitoso. Use sempre senhor ou senhora, especialmente quando se tratar de alguém mais velho ou que esteja acima de você na hierarquia profissional. Mas se a pessoa insistir para que você a chame apenas pelo nome, respeite o pedido.

Se alguém da mesma geração que você chamá-la de senhora, presuma que essa pessoa quer ser tratada da mesma forma. Não tente forçar seus conhecidos do trabalho a agirem como se fossem seus amigos pessoais.

Você não precisa fingir que assistiu a um filme que não viu ou que leu um livro sobre o qual só ouviu falar. Diga simplesmente que não viu/não leu e pronto. Não precisa se justificar.

Agradeça sempre por qualquer gentileza que fizerem a você – seja um presente de Natal, um jantar na casa de uma amiga ou uma carona até o trabalho. Não importa o tamanho do gesto; mostre como você ficou grata pela delicadeza.

Capítulo Cinco

PARA ORGANIZAR UMA FESTA

Use sua melhor louça se quiser impressionar os convidados. Mas se algo quebrar, não se incomode e não deixe que as pessoas se sintam constrangidas por isso.

Se um convidado se oferecer para levar uma garrafa de vinho ou algum prato para o jantar, sinta-se à vontade para aceitar ou recusar. De qualquer maneira, agradeça a intenção com delicadeza.

Não convide ninguém de última hora para uma festa que você já vinha planejando há bastante tempo. Se a pessoa descobrir, ela poderá ficar magoada.

Seja cuidadosa ao atender a uma ligação durante uma festa em que você é a anfitriã. É importante atender o telefone, pois pode ser um de seus convidados dizendo que se perdeu no caminho ou que teve um problema e não poderá comparecer. Mas se não for esse o caso, pergunte se pode retornar a ligação em outro momento e volte a dar atenção aos amigos.

Um truque: se quiser que os convidados vão embora, pare de servir as bebidas.

Se um convidado chega com uma garrafa de vinho, você não é obrigada a servi-la. Aceite-a como um presente a ser aberto quando você desejar.

Como montar o seu bar

Para montar um bom bar, você não precisa ter bebidas exóticas para impressionar os outros. Basta ter um estoque básico daquilo que as pessoas geralmente gostam de beber, como uísque, vodca, gim, vinhos e conhaque. Essa é uma seleção que agrada aos mais ecléticos grupos.

Em qualquer ocasião festiva, assegure-se de que haja gelo suficiente, além de água e sucos para serem usados em coquetéis e também em consideração aos convidados que não bebem álcool. Qualidade é sempre mais importante do que chamar atenção por ser diferente.

Inclua em seu bar: limões, coqueteleira, copos medidores, colher para mexer coquetel e guardanapos de pano.

Contratando serviços para festas

Se você vai dar uma festa grande, mas não tem muitas habilidades na cozinha – ou não tem tempo para preparar tudo sozinha –, uma saída é contratar um serviço de bufê para ajudá-la. Seja para um jantar ou um coquetel, o ideal é pedir indicações de amigos que já conhecem o serviço da empresa.

Hoje em dia os bons bufês costumam fechar negócio com bastante antecedência, então apresse-se: quanto antes você começar a correr atrás disso, melhor. Deixar para a última hora só vai lhe trazer dor de cabeça. Ou você vai pagar caro demais ou vai acabar escolhendo qualquer um por falta de opção.

Combine minuciosamente todos os detalhes: qual será o cardápio, a que horas a equipe deve chegar, como devem abordar os convidados, se a empresa vai fornecer os pratos e talheres ou se isso é por sua conta, etc.

Em sua primeira conversa com a empresa, seja direta em relação ao que você deseja e pergunte quanto ela cobra pelo serviço. Se o preço estiver acima do seu orçamento, simplesmente agradeça. Não precisa se sentir constrangida por isso.

Lembre-se: uma boa empresa de catering (especializada no fornecimento de comidas e serviços correlatos), além de preparar e servir o jantar e supervisionar o serviço dos garçons, deve deixar o local tão limpo e arrumado quanto estava antes do evento.

Dê o número do seu celular e anote o telefone de todos os profissionais contratados para o evento, para o caso de haver dúvidas ou alguma emergência antes da festa.

Sempre que você estiver servindo bebida alcoólica, ofereça algum tipo de tira-gosto aos seus convidados para combater o efeito do álcool.

Quando der um jantar, pergunte aos convidados se eles possuem alguma restrição alimentar que você precise considerar antes de planejar o cardápio.

Não organize festas surpresa a não ser que você tenha certeza de que a pessoa homenageada gosta de ser surpreendida.

Sempre que servir café aos seus convidados, ofereça adoçante além de açúcar.

Como determinar os lugares à mesa

Se você costuma organizar jantares, saiba que existem algumas regras a respeito da maneira de dispor seus convidados à mesa. É claro que você não precisa colocar uma plaquinha com o nome de cada pessoa quando receber um grupo de amigos para comer uma pizza na sua casa; mas, para jantares mais sofisticados, é interessante seguir algumas orientações. Muitas vezes, elas podem ser decisivas para o sucesso da noite.

Tente acomodar pessoas compatíveis juntas, mas jamais coloque dois namorados ou casados lado a lado. Seu objetivo deve ser criar uma mistura de convidados que irão fazer perguntas uns aos outros, gerando conversas animadas.

Se houver um convidado de honra, coloque-o sentado no melhor lugar da mesa, de preferência com uma boa visão para todo o ambiente e onde todos possam vê-lo. Se a festa for na sua casa, o convidado de honra deve se sentar ao seu lado direito, ou então entre duas pessoas que sejam particularmente agradáveis.

Como anfitriã, você deve reservar para si mesma o lugar menos privilegiado. Sua recompensa será observar os rostos felizes dos convidados, que estarão se divertindo e sendo bem tratados.

Sempre arrume a mesa do jantar antes
da chegada dos convidados.

Ao receber um presente por ser
anfitriã de um evento, você não precisa
abri-lo na frente dos outros convidados,
se não quiser. A escolha é sua.

Sobre flores e velas

Num jantar romântico, flores frescas e velas sempre caem bem. Mas lembre-se: as flores devem enfeitar a mesa sem obstruir a visão. Faça o arranjo num vaso baixo, para que elas não bloqueiem a troca de olhares entre você e seu convidado. Evite flores muito aromáticas, como lírios, pois o cheiro forte pode ser enjoativo a ponto de sufocar até mesmo as maiores paixões.

A luz de velas torna qualquer pessoa mais atraente. Assim como as flores, as velas devem ser posicionadas de forma que não obstruam a visão ou se tornem um perigo de incêndio ou queimadura. Acenda-as antes de servir a entrada e apague-as quando deixar a mesa.

Para se certificar de que as velas poderão ser acesas facilmente na hora do jantar, prepare-as com antecedência: acenda-as e deixe que queimem por alguns minutos para que a cera derreta um pouco e uma parte maior do pavio fique à mostra.

Se um convidado se oferecer para ajudá-la a limpar a casa no final da festa, você pode aceitar a ajuda, se quiser. No entanto, não fique esperando que alguém se ofereça.

Assegure-se de que o seu convite – seja ele feito por telefone, correio, Facebook ou e-mail – inclua todas as informações necessárias: hora, data, local e traje apropriado para o evento.

Se os convites forem enviados por e-mail, mande-os com antecedência. Algumas pessoas não verificam suas contas de e-mail tão religiosamente quanto outras.

Como montar uma mesa de jantar

Você pode montar uma mesa elegante, mesmo que o jantar seja bem simples. Os itens básicos devem ser arranjados da seguinte maneira:

Quando a entrada for uma salada

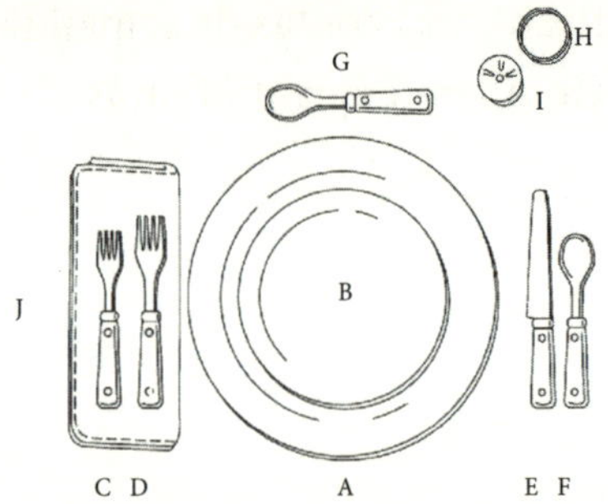

Quando a salada for servida junto com o prato principal

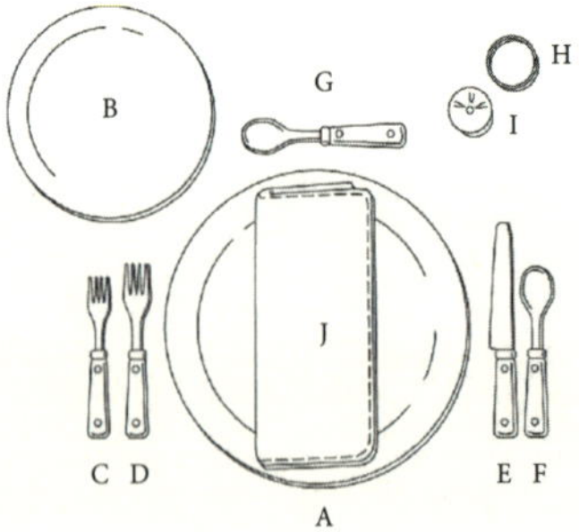

A. Prato de jantar
B. Prato de salada
C. Garfo de salada
D. Garfo de jantar
E. Faca de jantar
F. Colher de café
G. Colher de sobremesa*
H. Copo de água
I. Taça de vinho
J. Guardanapo

**O talher de sobremesa também pode ser um garfo, dependendo do que for servido.*

Chame seus convidados para ficarem na cozinha enquanto você termina de preparar o jantar. Mas só se eles forem íntimos o suficiente para isso, claro.

Esteja sempre pronta antes que seu primeiro convidado chegue. Não atenda a porta de roupão ou sem terminar a maquiagem.

Se as pessoas começarem a chegar e você ainda estiver fazendo os últimos ajustes no prato principal, sirva algum tira-gosto. Você não vai querer deixar seus convidados com fome, não é?

Como servir um jantar

Antes de os convidados chegarem, você já arrumou os pratos, talheres e copos sobre a mesa. Você já está linda e a casa, impecável. Agora é hora de começar a festa! Depois que as pessoas já tiverem conversado por algum tempo e bebido um pouco, anuncie que o jantar será servido. A partir daí, a sequência de acontecimentos será mais ou menos a seguinte:

- Os convidados tomam seus lugares.
- Se a salada for servida como entrada, os pratos apropriados já devem estar na mesa.
- Quando todos terminarem, retire os pratos e os talheres usados para comer a salada.
- Se você for montar o prato principal na cozinha, individualmente, leve o prato de jantar de cada convidado junto com o prato de salada.
- Você também pode optar por colocar a comida na mesa e deixar que todos se sirvam como quiserem. Não é tão charmoso, mas é bem mais prático.
- Depois que todos terminarem o prato principal, retire os pratos e talheres sujos.
- Sirva a sobremesa. Se os talheres de sobremesa já não estiverem na mesa, leve-os junto com o doce.
- Por fim, sirva o café. Algumas pessoas gostam de tomá-lo com a sobremesa.
- Se a conversa continuar animada depois de todos já terem terminado, tire os pratos sujos e pergunte se querem mais café. Jamais – jamais – apresse seus amigos a deixarem a mesa depois de uma refeição perfeita.

Se estiver dando uma festa sozinha, não hesite em pedir a uma amiga que a ajude a receber os convidados.

Quando você é anfitriã, é responsabilidade sua quando seus convidados bebem além da conta. Esteja atenta a isso.

Você precisa ter certa tolerância com um convidado que se comporta de maneira indelicada, mas deve pensar duas vezes antes de convidá-lo novamente para uma festa.

Capítulo Seis

PARA IR A UMA FESTA

Considere qualquer convite um ato de generosidade e delicadeza. Por isso, aceite ou decline o mais rápido e graciosamente possível.

Se você acha que dá para abrir espaço em sua agenda para ir a mais de um evento no mesmo dia ou na mesma noite, faça isso. Mas não deixe de avisar com antecedência ao anfitrião que você não ficará para o evento todo. Se for convidada para uma festa onde servirão um jantar e tiver que ir embora antes de a comida ser servida, deixe clara a sua intenção.

Caso você já tenha testemunhado comportamentos desagradáveis por parte do anfitrião ou do grupo de amigos dele, recuse o convite educadamente, dizendo algo como: "Eu adoraria ir à sua festa, mas já tenho um compromisso essa noite." Essa é uma mentira bem leve – e talvez nem seja mentira: mesmo se você estiver planejando apenas ficar em casa lendo um livro, isso ainda pode ser considerado um compromisso.

Nunca se deve pedir que liguem a televisão, mudem a música ou desliguem o som na festa de outra pessoa.

Nunca seja a última pessoa a sair de uma festa. Nem – se puder evitar – seja a primeira a chegar.

Ao receber um convite com "RSVP" (*Répondez S'il Vous Plaît*, que significa "responda, por favor" em francês), é preciso confirmar sua presença no evento. Nunca deixe de fazê-lo se você pretende comparecer.

Se você descobrir que não vai poder ir a um evento ao qual já havia confirmado presença, telefone para o anfitrião, explique a situação e peça desculpas.

Por outro lado, se você resolver ir a uma festa à qual disse que não iria, ligue para o anfitrião e pergunte se o convite ainda está de pé.

Como responder a um convite

Evite demorar para responder a um convite. Quando receber um com RSVP, você deverá entrar em contato por telefone ou por e-mail para dizer se planeja ou não comparecer ao evento. Em alguns casos, pede-se que a pessoa responda apenas se não puder ir.

É claro que você não é obrigada a aceitar todos os convites que recebe, mas é de bom-tom dar uma razão concreta para recusá-los. "Eu já tinha um compromisso marcado", "Meus primos de outra cidade estão hospedados na minha casa" ou "Estou com uma viagem marcada nesta data" são explicações perfeitamente aceitáveis.

Jamais imponha condições para aceitar um convite. Nem faça perguntas do tipo "O que vocês vão servir?" ou "Quem mais vai à festa?". Aceite o convite com satisfação e prove a si mesma que é capaz de se divertir com qualquer companhia, em qualquer lugar.

Mesmo que você não esteja bebendo vinho ou um coquetel, levante seu copo quando alguém fizer um brinde. Até um copo d'água, elevado com alegria e boa vontade, expressa um desejo de boa sorte.

Durante uma festa, evite passar o tempo inteiro conversando com apenas uma pessoa. Anime-se em encontrar o máximo de pessoas que puder. Muitas delas também vão gostar de vê-la.

Sempre use um guardanapo ou porta-copos para apoiar a bebida e não manchar as mesas.

Não tente disfarçar quando deixar cair algum pedaço de comida no chão. Apenas abaixe-se e pegue-o com um guardanapo – especialmente se puder manchar um tapete ou sujar muito caso alguém pise em cima.

Espere na fila, dentro do carro, caso haja manobrista na festa. Ao chegar a sua vez, certifique-se de que deixou a chave na ignição.

É importante saber como apresentar um amigo a uma pessoa nova numa festa. Da mesma forma, é fundamental saber como pedir licença educadamente quando desejar buscar outras pessoas para lhe fazer companhia.

Quando levar um presente

Quando for convidada para a casa de alguém – para um jantar, uma festa de fim de ano ou para passar um fim de semana –, leve um presente para a anfitriã. Não precisa ser nada caro, o importante é mostrar que você está grata pelo convite.

Para um jantar, você pode levar flores ou uma garrafa de vinho (que não estava na geladeira, para que os donos da casa saibam que é um presente e que não há pressão para que eles o sirvam durante o jantar). Para uma festa de fim de ano, boas opções são um pacote de café especial ou algo que você mesma tenha feito, como biscoitos ou um ornamento de Natal. Se for passar o fim de semana na casa de alguém, leve um presente mais substancial, como um livro de arte ou um utensílio de cozinha moderno.

Se você não estiver se sentindo à vontade numa festa devido ao comportamento dos outros convidados, diga à anfitriã que precisa ir embora e agradeça pela noite maravilhosa. Não se obrigue a ficar num lugar que não a agrada.

Acidentes acontecem. Se você quebrar algo durante a festa, informe aos anfitriões e peça desculpas. Não precisa se oferecer para pagar pela peça, mas, se quiser, pode comprar uma nova e dar de presente no próximo encontro.

Saber a hora certa de ir embora
não é só elegante: é fundamental.

Se você chegar a uma festa e perceber que está arrumada demais (ou de menos) para a ocasião, não entre em pânico. Em vez de ir embora correndo, enfrente a situação com a cabeça erguida, deixando sua personalidade e seu charme encantarem as pessoas e chamarem mais atenção do que sua roupa. Mas aprenda a lição e da próxima vez pergunte ao anfitrião qual é o traje adequado.

Depois de se maquiar, retire o excesso de batom com um lenço de papel antes de sair de casa. Marcas de batom sempre são difíceis de lavar e às vezes podem dar a impressão errada.

Pode acontecer de você encontrar outra mulher usando um vestido igual ao seu durante uma festa. Não se intimide, não se compare a ela. Apenas sorria e elogie o bom gosto da moça.

Capítulo Sete

LIDANDO COM SEUS AMIGOS

Respeite os hábitos e o estilo de vida dos seus amigos quando você os estiver visitando. Não fique na casa deles até tarde se você sabe que eles acordam cedo para trabalhar no dia seguinte. Se for passar a noite lá, vá se deitar na hora que eles estiverem se preparando para dormir e arrume a cama ao acordar.

Nunca diga ou faça qualquer coisa que possa humilhar alguém.

Não presuma que as pessoas já se conhecem. Sempre que você estiver com um amigo e encontrar outro, apresente-os.

Dinheiro é sempre um assunto complicado.
Seja cuidadosa. Nunca empreste mais dinheiro
do que pode perder nem peça emprestado
mais do que é capaz de pagar.

Aceite um “não” na primeira vez que ouvi-lo.
Não se humilhe.

O beijo social

Existem diversas formas de expressar a amizade. Um abraço caloroso ou um beijo na bochecha são sempre bem-vindos quando encontramos um amigo ou nos despedimos dele. Mas nem sempre esses gestos são apropriados no ambiente de trabalho. Preste atenção em como as pessoas se tratam e jamais seja efusiva demais. Na dúvida, um aperto de mãos firme e genuíno, aliado a um sorriso sincero, será sempre adequado.

Por mais apaixonada que você esteja, seja discreta ao demonstrar seu amor em público. Não faça nada que possa deixar os outros constrangidos.

Anote as datas dos aniversários dos seus amigos na sua agenda para não esquecê-las. Se não encontrar com eles pessoalmente, mande ao menos uma mensagem de parabéns.

Às vezes, aniversariantes ou casais comemorando bodas pedem que os convidados façam doações para uma instituição de caridade em vez de lhes dar presentes. Se esse for o desejo dos anfitriões, respeite a vontade deles e faça a doação.

Vales-presentes podem ser práticos, mas são muito impessoais. Use-os como último recurso, só para o caso de você realmente não ter a menor ideia do que comprar.

Quando mandar flores

Seja num momento de alegria ou tristeza, mandar flores é quase sempre a maneira certa de expressar seus sentimentos. Há muitas ocasiões em que você pode lançar mão desse artifício: o nascimento de um bebê, a promoção de um colega, um jantar na casa de uma amiga, a morte de alguém, a internação de um parente ou mesmo um pedido de perdão. Um lindo buquê de flores melhora o dia da pessoa que o recebe e demonstra quanto você se importa com ela.

Algumas dicas sobre como encomendar:

- Se você não conhecer uma boa loja de flores, peça indicação a alguém. Quando telefonar para a floricultura, explique qual é a ocasião – o atendente com certeza irá dar boas sugestões para o arranjo.
- Hoje em dia há vários sites que vendem flores. Muitos têm diversas opções de arranjos, cestas e buquês, divididos por tipo de ocasião. Você também pode filtrar as opções pelos preços, que são sempre informados na página. No entanto, antes de usar os serviços do site, certifique-se de que ele é confiável.
- Seja sensível à religião ou às crenças das pessoas antes de lhes mandar flores. Por exemplo, você não deve mandá-las para uma família judia no período da shivá (os sete dias de luto mantidos pela morte de uma pessoa próxima).
- Se você for convidada para uma festa, pode mandar flores para a casa da anfitriã com antecedência para que ela possa exibi-las no dia do evento. Se preferir, envie um lindo buquê

depois, como agradecimento pelo convite. Flores são sempre bem-vindas.

Seja paciente com seus amigos e tolerante com as idiossincrasias de cada um. Todo mundo tem suas manias e esquisitices. Uma amizade verdadeira deve ser valorizada e cultivada pelo resto da vida.

Se você precisar tocar num assunto delicado com uma amiga, faça-o de forma gentil, porém da maneira mais direta possível. Ficar fazendo rodeios só piora a situação.

Como apresentar as pessoas

Apesar de a sociedade de hoje estar mais informal, certas tradições devem ser respeitadas, principalmente aquelas que resistem ao tempo. É o caso da maneira como se deve apresentar as pessoas umas às outras.

- A pessoa mais jovem sempre é apresentada à mais velha. Por exemplo, quando você tiver que apresentar George, de 20 anos, a Cassandra, de 50, diga: "Cassandra, gostaria que a senhora conhecesse o George." Da mesma forma, se uma moça for apresentada a um homem mais velho, tome o cuidado de dizer o nome dele primeiro.
- Quando um homem e uma mulher da mesma idade forem apresentados, o correto é apresentar o homem à mulher. Ou seja, se Ângela e George não se conhecem, diga: "Ângela, esse é meu amigo George." Em seguida, vire-se para George e diga: "George, esta é Ângela."
- Em todos os casos, sinta-se livre para adicionar algumas informações para estimular a conversa. Você pode dizer, por exemplo: "Cassandra, George é um dos meus melhores amigos da faculdade." Ou: "Ângela, talvez você já tenha me ouvido falar sobre o George."
- Pronuncie os nomes claramente. Se for possível, repita os nomes das pessoas que acabaram de se conhecer em outro momento da conversa.
- Mesmo que você cometa algum deslize na hora de apresentar as pessoas, não tem problema: você não cometeu o erro mais grave de todos, que seria não apresentá-las.

Tenha cuidado ao apresentar alguém a dois amigos que moram juntos mas não se casaram oficialmente. Observe como eles se referem um ao outro – namorado(a), marido/esposa, companheiro(a). Na dúvida, diga apenas o nome dos dois.

Se estiver na dúvida sobre como tratar alguém em determinada situação, pense no seguinte: "Se eu fosse essa pessoa, como gostaria de ser tratada?"

Não bombardeie seus amigos com e-mails inúteis. Respeite o tempo deles.

Não presuma que seus amigos estejam interessados em ter uma longa conversa ao telefone só porque você está com vontade de falar. Seja sensível e perceba se a pessoa estiver tentando encerrar o assunto.

É muito desagradável quando as pessoas ficam pressionando alguém para beber. Não importa qual seja a ocasião, respeite a decisão de cada um e não pergunte por que a pessoa não está bebendo. Isso não lhe diz respeito. Da mesma forma, quando for você que não quiser ingerir álcool, não deixe que a pressão dos outros a faça mudar de ideia.

O aperto de mãos

Um aperto de mãos é o cumprimento apropriado para a maioria das situações em que você é apresentada a alguém, seja numa festa, seja numa reunião de trabalho. Sempre estenda sua mão para o homem primeiro, para demonstrar que deseja esse tipo de cumprimento. Se você não fizer isso, não espere que ele estenda a mão dele, pois, em geral, os homens estão acostumados a esperar que a mulher tome a iniciativa.

Um aperto de mãos deve ser firme, com uma pressão leve e rápida. Não balance demais o braço nem aperte muito. Antes do gesto, certifique-se de que suas mãos estejam secas e limpas e olhe a outra pessoa nos olhos enquanto a cumprimenta.

Quando você perceber que o sutiã de outra mulher está aparecendo – ou que ela está com um pedaço de papel higiênico grudado na sola do sapato, ou com a etiqueta da roupa para fora, etc. –, avise-a discretamente e o mais rápido possível.

Seja amante da pontualidade. Comece a se arrumar sempre com antecedência e evite deixar os outros esperando. Se for se atrasar para um jantar, telefone para os anfitriões e avise que chegará tarde, deixando-os à vontade para iniciar a refeição sem você.

Não cancele um compromisso se você não tiver um motivo concreto para isso. Se for inevitável, avise os interessados com o máximo de antecedência possível.

Não interrompa as pessoas quando elas falam. Permita que completem seu raciocínio e terminem suas frases. Controle-se!

Quando ouvir falsos rumores sobre seus amigos, desminta-os imediatamente.

Tenha consideração por pessoas idosas ou com necessidades especiais. Se vir uma pessoa cega que pareça confusa numa esquina movimentada, pergunte se ela precisa de ajuda. Se ela disser que sim, ofereça seu braço. Caso contrário, continue observando-a por um tempo para ter certeza de que ela está mesmo em segurança.

Abra a porta para outras pessoas que estejam entrando num prédio ao mesmo tempo que você, mesmo que sejam homens.

O namoro é uma fase ótima, mas, se não tomar cuidado, você pode acabar se afastando dos amigos por causa do novo amor. Fique atenta para não deixar que isso aconteça.

Também tome cuidado para não acabar anulando sua identidade por causa do relacionamento.

Às vezes, escutar os problemas e oferecer um ombro para chorar é o melhor presente que você pode dar a um amigo.

Seja sincera consigo mesma quando alguém lhe pedir dinheiro emprestado – ainda que o pedido venha de um amigo íntimo. Se você não se sentir à vontade, não empreste.

Ter sempre pastilhas de menta ou hortelã na bolsa é um ótimo truque para manter o hálito fresco.

Muitas pessoas não gostam de revelar a idade. Na dúvida, é melhor não perguntar.

Fique à vontade para não revelar a sua, se não quiser. Você tem esse direito.

Não deixe de dividir com seus amigos os momentos importantes da sua vida e de dizer a eles quanto são especiais para você.

Pense duas vezes antes de começar uma frase com "Não quero que você fique chateado, mas...". Provavelmente a pessoa *vai* ficar chateada mesmo.

Nunca pergunte a um amigo em situação difícil o que você pode fazer por ele. É melhor agir em resposta a uma necessidade evidente do que esperar que ele escolha uma forma de você ajudá-lo.

Saiba quando é suficiente dizer "obrigada" e quando é apropriado enviar um buquê de flores.

É possível oferecer ajuda a um homem sem ameaçar a masculinidade dele. Tome cuidado ao fazer isso. É só uma questão de sensibilidade.

Não seja efusiva demais ao cumprimentar um de seus amigos na frente de outros. Alguém pode achar que é menos importante para você.

Amigos divorciados

Toda separação é dolorosa. Quando um casal de amigos se divorcia, é preciso ter alguns cuidados para não colocá-los em situação desconfortável.

Se a separação for recente, evite convidá-los para eventos onde serão obrigados a se encontrar. Tente manter a amizade com ambos, sabendo que agora você será amiga de dois indivíduos, não de um casal. Isso pode exigir duas vezes mais esforço – e o dobro do tempo. Mas vale a pena.

Depois que um tempo razoável tiver passado, você pode passar a incluir os dois no mesmo evento, especialmente quando houver muitos convidados. Mas você fará uma grande gentileza se informar a cada um que o outro estará presente. Assim eles não serão pegos de surpresa. Também ajuda muito se você chamar outras pessoas desacompanhadas para que seus amigos recém-separados não sejam os únicos nessa condição.

Não fique ofendida caso eles recusem o convite ao saber da presença do outro. Talvez ainda não estejam prontos para voltar a frequentar os mesmos lugares. Faça a sua parte e deixe-os à vontade para agir como se sentirem melhor.

Capítulo Oito

ETIQUETA NO TRABALHO

Use senhor/senhora para falar com o(a) chefe, a não ser que o ambiente do trabalho seja informal e você seja instruída a chamar seus superiores apenas pelo nome.

Não é preciso ser autoritária para ser chefe. Se você tiver um cargo em que supervisione outras pessoas, lidere-as com segurança, sabedoria e respeito.

A fofoca é extremamente prejudicial. Ficar reclamando pelos corredores também é um ato nocivo para sua vida profissional. Se você tem uma queixa a respeito do trabalho, dirija-se ao seu superior imediato e diga claramente o que está acontecendo.

Vista-se de forma apropriada para o seu local de trabalho. Para ser respeitada e levada a sério, você deve ter uma postura adequada e elegante. Isso vem de dentro, mas precisa ser refletido no seu exterior também. Se você for sofisticada na maneira de ser, mas desleixada com a aparência, irá transmitir uma imagem contraditória para seus colegas e clientes.

Cuide do seu vocabulário. E tome cuidado, principalmente, para não fazer comentários sexistas, racistas ou preconceituosos de qualquer tipo.

A geladeira do escritório não é um local para realizar experiências científicas. Lembre-se de jogar fora qualquer comida que tenha deixado lá antes de ela começar a estragar.

Quando for a uma entrevista de emprego, vista-se como se estivesse indo para um dia de trabalho na empresa. Dessa forma, você deixa claro que compreende a cultura da companhia.

Não tente burlar o código de vestimenta de sua empresa.

Seja razoável: nunca peça a um colega de trabalho – especialmente um subordinado – que faça um café para você. Se tiver o hábito de tomar café, aprenda a operar a cafeteira do escritório sozinha.

Nunca se atrase para reuniões de trabalho. A pontualidade conta muito a seu favor na vida profissional.

Quando fizer uma viagem de negócios e precisar compartilhar o quarto com uma colega, comporte-se de maneira cortês e delicada, mesmo que a ideia não lhe agrade.

Como deixar um recado numa caixa postal

Quando deixar um recado na caixa postal de alguém, não presuma que a pessoa vá reconhecer a sua voz. Fale claramente, identifique-se e informe seu número de contato. Nunca deixe mensagens longas, enigmáticas ou carregadas de emoções negativas.

Se a pessoa não retornar a ligação e você depender de uma resposta dela para cumprir um prazo, ligue novamente e, se necessário, deixe um novo recado.

Caso você receba uma mensagem que envolva um prazo definido, como o horário de uma reunião, retorne a ligação o mais rápido possível.

Dependendo de como for a sua relação com seus colegas e o clima geral do escritório, evite conversas muito pessoais. Mantenha o foco em assuntos relacionados ao trabalho ou em amenidades.

O tempo de todo mundo é muito valioso. Assim como não se deve deixar ninguém esperando por você num encontro, também não deixe uma pessoa esperando do outro lado da linha por mais de três minutos. Se você não tem a informação de que ela precisa no momento, anote o número de telefone dela e retorne a ligação quando tiver a resposta.

Lidando com o chefe

Embora você possa chamar seu chefe pelo nome ou encontrá-lo sempre na academia, nunca se esqueça de que, no escritório, ainda existe uma hierarquia.

Numa situação social, como um almoço comemorativo ou um happy hour depois do expediente, fique à vontade para aceitar se seu chefe se oferecer para pagar a conta. Se você preferir não estar com ele fora do ambiente de trabalho, agradeça o convite e diga que já tem outro compromisso.

Caso você vá a uma festa na casa dele, trate ele e a esposa da mesma forma que trataria qualquer casal de anfitriões. Leve um pequeno presente, se parecer apropriado, e sempre agradeça por ter sido convidada para o evento.

Se você receber um presente do chefe, aceite-o e demonstre sua gratidão. Entenda que ele não espera que você lhe dê um também: salvo em casos específicos, o presente é um reconhecimento por seu trabalho, não uma troca entre amigos.

Se você perceber que a pausa para o café
com outros colegas é apenas uma desculpa
deles para fofocar, passe
a evitar fazer isso junto com eles.

Não fale incessantemente sobre o trabalho
em eventos sociais. Deixe esse assunto
para o horário do expediente.

Seja compreensiva quando seus funcionários
ou colaboradores precisarem tirar o dia de folga
por motivos pessoais. Isso demonstra que
você tem consideração por eles.

Ao ser apresentada a alguém no
trabalho, levante-se da cadeira
para cumprimentá-lo.

Mantenha sua agenda telefônica – seja
no computador, no celular ou na mesa do
escritório – sempre atualizada. Ser organizada
vai facilitar muito a sua vida.

Faça questão de saber os nomes das pessoas que
sempre a atendem nas empresas para as quais
telefona com frequência. Seja sempre
atenciosa e agradeça a todos pela ajuda.

Amizades são formadas facilmente no local de trabalho. Quando ficar amiga de um homem, peça para conhecer a esposa ou namorada dele, para que não haja dúvidas quanto a sua intenção. Tenha o cuidado de manter a intimidade entre vocês no nível apropriado.

Quanto mais profissionalismo você apresentar em seu local de trabalho, mais as pessoas irão levá-la a sério.

Você pode achar que as festas são um momento de relaxar e confraternizar. E são – mas, quando se trata de uma festa da empresa, é importante manter a postura. Contenha-se.

Seja qual for o motivo que a leve a pedir demissão de uma empresa, converse com seu superior imediato, agradecendo pela experiência que acumulou durante o tempo em que esteve lá.

Você e sua secretária

Trate sua secretária ou assistente tão bem quanto a qualquer outro membro de sua equipe, dedicando a ela o devido valor e respeito. Deixe claro o que espera dela e esteja sempre pronta para expressar sua gratidão por um trabalho bem-feito.

Por mais que a relação de vocês se torne próxima, tome o cuidado de estabelecer um limite bem claro entre sua vida pessoal e profissional. Se tiver muita confiança nela, você pode lhe pedir que faça um pagamento para você numa emergência, mas não se aproveite de sua funcionária delegando a ela tarefas que você não tem vontade de fazer, como ir pegar suas roupas na lavanderia.

Você pode presenteá-la em ocasiões especiais – como o dia da secretária ou o aniversário dela –, mas procure se ater a itens impessoais. No entanto, não espere receber um presente como retribuição.

E o mais importante: não importa há quanto tempo vocês estejam trabalhando juntas, nunca se esqueça das palavras "por favor" e "obrigada".

Antes de iniciar uma conversa, pergunte a seus colegas se eles estão ocupados.

Tenha sempre seus cartões de visita com você. Não os distribua em festas ou casamentos, mas se alguém pedir, fique à vontade para entregá-los. Mantenha-os num porta-cartões para que eles não fiquem sujos ou amassados.

Só dê o número do telefone de casa ou o e-mail particular para pessoas do trabalho que realmente precisem. A não ser em circunstâncias extraordinárias, não divulgue seus contatos pessoais.

Se durante um encontro de negócios com muitas pessoas você precisar ir ao banheiro, saia da sala silenciosamente, sem se sentir obrigada a anunciar aonde está indo ou quando pretende retornar. Se for uma reunião menor e ficar impossível sair sem ser notada, peça licença e diga que estará de volta em alguns instantes.

Não use o material de escritório da empresa para seus assuntos pessoais.

Resista à tentação de acrescentar umas linhas na descrição de sua experiência no currículo. Os bons profissionais de RH sabem reconhecer quando um candidato está mentindo.

Quando o papel da impressora do escritório acabar, coloque mais. Mesmo que você não vá imprimir mais nada.

Não abuse dos privilégios de reembolsos em viagens ou refeições. Não é porque a empresa está pagando que você pode esbanjar dinheiro. Não gaste indiscriminadamente aquilo que não é seu.

Quando convidar um cliente para almoçar, seja homem ou mulher, é responsabilidade sua pagar a conta.

Enviando um e-mail

Pense no e-mail como qualquer outro tipo de correspondência. Expresse-se de forma clara e concisa, evitando mandar uma série de mensagens curtas e sem importância que lotam a caixa de entrada do destinatário. Indique o assunto da mensagem no título do e-mail, para que o destinatário possa identificar rapidamente do que se trata.

Lembre-se sempre de que, mesmo que você mande para uma pessoa de confiança, e-mails nunca são totalmente privados, já que são lidos numa tela de computador num ambiente onde várias pessoas trabalham e ficam arquivados num servidor. Para evitar constrangimentos, seja discreta em suas mensagens. E jamais escreva algo que não possa ser lido por outra pessoa da empresa.

Um texto escrito em letras maiúsculas é interpretado como se você estivesse gritando com o interlocutor. Tome cuidado com isso. O melhor é escrever frases completas e evitar termos informais para que não haja mal-entendidos.

É importante mudar o assunto do e-mail
à medida que a conversa evolui. Quando
o tópico muda, o título do e-mail também
deve ser modificado, para ajudar a manter a
clareza no decorrer de uma longa sequência de
mensagens. A atenção a esse detalhe pode ser
muito útil posteriormente, na hora de pesquisar
informações incluídas naquelas mensagens.

Tudo o que você escreve num e-mail poderá se tornar de conhecimento público caso alguém resolva divulgá-lo. Suas opiniões, suas ideias e seu caráter estão contidos nas palavras que escreve. Sempre leia cuidadosamente o que escreveu, pensando muito bem antes de clicar no botão de enviar.

Usando as redes sociais com sabedoria

Nos últimos anos, a popularidade das redes sociais cresceu exponencialmente. Essas redes ampliaram as oportunidades de todos compartilharem informações pessoais e profissionais, mas devem ser usadas com cautela. Existem diversas regras de etiqueta que também se aplicam à internet e à comunicações on-line.

Quando adicionar uma amiga à sua rede social, respeite a privacidade dela e dos contatos dessa pessoa antes de postar qualquer informação sobre eles. Algumas pessoas preferem manter certos assuntos no âmbito privado e não têm qualquer desejo de compartilhá-los com o resto do mundo.

Ao postar fotos de festas e outras reuniões, certifique-se de ter a permissão de todas as pessoas que aparecem nas imagens. Algumas delas podem achar que a foto talvez venha a ser mal interpretada ou prejudicial à reputação delas. Nem todos gostam de divulgar o que fazem em suas horas de folga.

Revise seu perfil frequentemente para
assegurar que suas informações e seus
contatos estejam sempre atualizados.

Sempre pense duas vezes antes de publicar na rede um vídeo de si mesma. Dependendo do conteúdo, esse tipo de vídeo pode afetar sua carreira ou seus relacionamentos. Tudo o que é enviado por e-mail ou colocado na internet fica arquivado. O fato de você se arrepender e deletar o arquivo não significa que ele será completamente apagado do ciberespaço.

A primeira impressão é a que fica. Essa regra também vale para a rede de relacionamentos pessoais e profissionais na internet.

Mantenha-se positiva em seus comentários. Evite escrever coisas negativas sobre o trabalho ou criticar os colegas e o chefe.

Cuide da imagem que você quer transmitir. A fotografia que você usa em sua rede social profissional na internet é importantíssima. Nesses casos, não utilize fotos informais ou de festas.

Nunca envie fotografias usando trajes reveladores – ou menos que isso – a ninguém, nem mesmo a um namorado. Nem todos os relacionamentos duram para sempre, e fotos assim podem lhe causar problemas no futuro.

Se seus amigos postaram fotos suas no Facebook que a deixaram constrangida, desmarque-se das fotografias e, se for necessário, peça a eles que apaguem as imagens.

Não envie uma mensagem de SMS que a deixaria envergonhada caso outras pessoas a vissem.

Saber reconhecer o talento e o sucesso alheio é fundamental. Sempre parabenize seus colegas que conseguirem uma promoção na empresa.

Tenha sempre disposição para ajudar os outros, oferecendo dicas, informações ou conselhos que achar que podem ser úteis para eles.

A cozinha do escritório

Mesmo que você não seja a melhor dona de casa do mundo e não dê muita atenção à cozinha da sua casa, saiba que é preciso ser mais cuidadosa quando se trata da cozinha de uso coletivo do escritório, onde as pessoas costumam tomar café, lanchar, guardar ou esquentar comida. Jamais deixe sua xícara de café, seus pratos ou talheres sujos na pia. Assim que terminar sua refeição, lave, seque e guarde o que você usou.

Se não houver uma pessoa encarregada de fazer o café e você terminar com o conteúdo da cafeteira, faça a reposição para que o próximo colega não a encontre vazia.

Não guarde restos de comida na geladeira por muito tempo. E nunca ache que tem o direito de provar qualquer coisa que um colega tenha deixado ali.

Não entre na sala de ninguém sem pedir permissão, mesmo que a porta esteja aberta.

Você pode optar por levar trabalho para casa e se dedicar ao máximo à empresa. Mas não pode esperar que os colegas façam o mesmo.

Não custa lembrar: um filho doente é mais importante que um prazo a cumprir.

Quando você reconhecer que um companheiro de trabalho deu uma contribuição excepcional em uma determinada tarefa, demonstre sua admiração não apenas para ele, mas também para o chefe de vocês.

Mantenha a compostura no trabalho. Se, por algum motivo, você perceber que está prestes a perder o controle de suas emoções, peça licença e retire-se.

No escritório, tome sempre cuidado para não falar alto demais e incomodar os outros à sua volta, não importa se esteja numa ligação de trabalho ou conversando com um colega.

Capítulo Nove

CUIDANDO DE SI MESMA

Vá ao médico regularmente, especialmente ao ginecologista. Cuidar da saúde é a coisa mais importante que você pode fazer por si mesma.

Aprenda a se defender. Se achar necessário, faça aulas de defesa pessoal.

Quando perceber que não está num lugar seguro, vá embora calmamente, sem demonstrar medo, assim que possível.

Diante dos pequenos obstáculos da vida, não se faça de vítima.

E quando a vida lhe trouxer grandes dissabores, supere-os.

O câncer de mama

O câncer de mama pode aparecer em qualquer idade, portanto, faça o autoexame todo mês para verificar se há indício de qualquer anormalidade nos seios, como nódulos, deformações, retrações, descoloração ou secreção. Marque uma consulta com o ginecologista imediatamente se encontrar alguma alteração. Um diagnóstico precoce pode salvar sua vida.

Cigarro

Todo mundo já sabe que fumar faz muito mal à saúde. Mas se mesmo assim você decidir fumar, tenha consideração com as outras pessoas. Jamais fume durante a gravidez, pois isso pode ser prejudicial - ou mesmo fatal - para o bebê, além de causar complicações na gestação.

Não fume perto de crianças nem de mulheres grávidas. O fumo passivo é nocivo às crianças tanto dentro quanto fora do útero.

Avalie todos os riscos e efeitos danosos do cigarro antes de iniciar o hábito de fumar. Fica muito mais difícil de parar depois que se torna um vício.

A saúde íntima

Não deixe de ir ao menos uma vez por ano ao ginecologista para fazer um exame preventivo e verificar se está tudo correndo bem com você. O corpo da mulher pode sofrer alterações hormonais por diversos motivos, e é importante que você esteja atenta aos sinais de que algo está errado.

Quando houver uma mudança em seu ciclo menstrual, como fluxo mais intenso, amenorreia, sangramento fora do período da menstruação ou cólica mais forte que o normal, procure seu médico. Um diagnóstico precoce de problemas reprodutivos pode evitar que você se torne estéril.

Toda a sua vida fica melhor quando sua saúde está boa. Portanto, nunca ignore um problema, por menor que ele pareça.

Um bom bronzeado, infelizmente, não vale o risco de câncer de pele. Assim, use sempre o filtro solar quando se expuser ao sol. Hoje em dia há muitos produtos de beleza que podem lhe dar a aparência de estar bronzeada sem que você precise correr qualquer risco.

Protegendo-se

Num mundo onde ninguém se sente totalmente seguro, é importante ter algum conhecimento sobre técnicas de defesa pessoal e estratégias para se tornar menos vulnerável.

Uma postura firme e confiante pode fazer com que um agressor decida não a escolher como vítima. Caminhe com os ombros para trás e a cabeça erguida, pois isso lhe dá um ar de poder. Uma linguagem corporal forte e segura faz com que você pareça menos indefesa e passiva.

Veja outras dicas para se proteger no dia a dia:

- Mesmo que você esteja preparada para possíveis ataques, evite a todo custo lugares e situações que possam colocá-la em risco.
- Quando estiver em um posto de gasolina, principalmente à noite, assegure-se de que ninguém poderá entrar no seu carro pelo lado do carona.
- Num estacionamento escuro, procure não estacionar o carro ao lado de uma van.
- Mantenha sempre as portas de sua casa trancadas.
- Conheça quais são as áreas de maior criminalidade na sua cidade e não vá a esses locais, nem passe por eles, sozinha ou à noite.
- Quando estiver caminhando, preste atenção nas pessoas à sua volta, especialmente em alguém que possa estar seguindo-a.
- Enquanto você está falando ao celular ou mexendo na bolsa, já está distraída, e isso a torna alvo fácil para assaltos.
- Mulheres carregando um guarda-chuva ou outro objeto pontiagudo que possam usar para se proteger têm menos probabilidade de se tornarem vítimas de uma agressão.

- O ponto mais vulnerável do homem é a virilha. No caso de um ataque, não fique passiva. Dê uma joelhada nos testículos do agressor para que ele fique temporariamente enfraquecido e você consiga fugir.

Se o seu carro enguiçar na estrada, não tente pedir socorro a outro motorista que passar. Chame o seguro, o reboque ou espere aparecer uma viatura policial. Tenha esses telefones sempre com você.

No mundo de hoje, em que quase todos os celulares têm câmera, você pode ser filmada ou fotografada em público a qualquer momento, sem nem ficar sabendo. Portanto, não faça nada de que se envergonharia depois.

Se você decidir se encontrar pessoalmente com alguém que conheceu pela internet, conte para uma amiga todos os detalhes do encontro, só por precaução.

Seja cautelosa ao dar seu telefone a alguém com quem se relaciona pela internet. Se quiser marcar um encontro com um homem que conheceu na rede, combine um local público e seguro.

Não provoque um homem ou finja estar interessada nele para depois rejeitá-lo. Isso pode até fazer bem para o seu ego, mas brincar com os sentimentos dos outros é um ato cruel.

Não tenha medo ou vergonha de denunciar abusos físicos e sexuais.

Você deve acreditar que os homens com quem se relaciona entendam o significado da palavra "não". Caso contrário, afaste-se deles.

Mantenha seu círculo de amizades e um contato próximo com seus familiares. É a essas pessoas que você vai recorrer quando precisar de conselhos ou estiver com problemas.

Nunca dirija depois de beber.
Além de ilegal, é perigoso.

Tome sempre o cuidado de não fazer algo que a coloque em situações arriscadas ou que possa comprometer seus valores éticos e morais.

Se você não enxerga bem mas não gosta de usar óculos, tente lentes de contato. Só não deixe que a vaidade atrapalhe a saúde.

Num jantar com um novo namorado, não peça salada se você estiver com vontade de comer bife com batata frita. Seja você mesma. Não vale a pena insistir no tipo de homem que critica suas escolhas no restaurante.

Nunca passe suas informações bancárias a qualquer empresa on-line que você não conheça ou que não tenha pesquisado para verificar se é segura.

Se algum homem ou negócio parecer bom demais para ser verdade, é porque provavelmente é mesmo. Fique atenta!

Antes de viajar, certifique-se de que seu passaporte ainda está dentro da validade.

Ao planejar uma viagem, faça cópias de documentos importantes, como identidade, carteira de motorista, passaporte, cartões de crédito e cheques de viagem, e leve-os com você, num local separado dos originais, para o caso de perda ou roubo.

Se você se envolver num acidente de carro, chame a polícia e registre um boletim de ocorrência, mesmo que o outro motorista garanta que irá cobrir o prejuízo.

Sempre que você se vir em um local ou
situação em que não se sinta bem, vá embora.
Seu bem-estar deve vir em primeiro lugar.

Tenha consciência do seu valor. Não deixe
que ninguém se aproveite de você.

Capítulo Dez

ETIQUETA EXTREMA

Encontros com figuras públicas

Ao longo da vida, você tem diversas oportunidades de conhecer pessoas famosas. Pode acontecer num restaurante, num evento de caridade ou numa convenção de negócios. Em qualquer circunstância, quando você se vir frente a frente com um atleta, político ou ator famoso, seja respeitosa e evite adulações.

Não importa quanto você esteja empolgada por encontrar uma celebridade: você não pode forçá-la a conversar nem deve pedir um autógrafo. Pessoas famosas sempre escutam os mesmos elogios e perguntas, e são frequentemente interrompidas por fãs querendo atenção. Embora sejam figuras públicas, elas devem sofrer um pouco com esse assédio. Por isso, é melhor pedir autógrafos apenas em eventos aos quais essas celebridades tenham ido justamente para este fim.

Jamais interrompa um famoso enquanto ele estiver conversando com outra pessoa, especialmente se ele estiver jantando. Caso você tenha a sorte de conseguir uma oportunidade para falar com a pessoa, seja breve. E, ao terminar, agradeça a atenção. Não se derrame em elogios e nunca diga à celebridade que é fã dela desde que você era criança (mesmo que isso seja verdade). Da mesma forma, não afirme que ela é mais jovem, magra ou bonita do que parece ser na televisão (mesmo que isso seja verdade).

Como usar uma lavanda num jantar formal

A lavanda é uma pequena tigela de vidro com água e às vezes uma rodela de limão ou pétalas de flores. É extremamente útil quando se está comendo frutos do mar, como caranguejo e lagosta, ou outros pratos que sujem as mãos. Se você receber uma lavanda durante um jantar formal, ela provavelmente será colocada sobre um papel rendado (*doily*) no prato de sobremesa. Mergulhe as pontas dos dedos na água e em seguida seque-os no guardanapo – às vezes uma toalhinha também é oferecida. Depois de usar a lavanda, enquanto a sobremesa estiver sendo servida, mova a tigela (e a toalhinha) para o canto superior esquerdo de seu lugar à mesa e coloque o garfo e a colher de sobremesa respectivamente à direita e à esquerda do prato.

Sorbet no meio do jantar?

Uma porção de sorbet servida no meio do jantar pode deixar muita gente confusa sobre o que fazer. Mas não uma mulher bem informada como você! Tome um pouco do sorbet para limpar seu paladar do gosto forte do prato que acabou de comer e deixe o resto para ser retirado da mesa antes da chegada da próxima iguaria. Este sorbet de sabor cítrico ou acentuado com licor, servido numa taça, não é sobremesa e geralmente é oferecido após um prato de frutos do mar. *Bon appétit!*

Sobre a autora

Candace Simpson-Giles é esposa, mãe e avó, e é proprietária da galeria Art Attack Nashville. Além disso, é cofundadora do Critter Cavalry Rescue, uma organização sem fins lucrativos que resgata e ajuda na adoção de animais abandonados.

INFORMAÇÕES SOBRE A SEXTANTE

Para saber mais sobre os títulos e autores
da EDITORA SEXTANTE,
visite o site www.sextante.com.br
e curta as nossas redes sociais.
Além de informações sobre os próximos lançamentos,
você terá acesso a conteúdos exclusivos
e poderá participar de promoções e sorteios.

www.sextante.com.br

facebook.com/esextante

twitter.com/sextante

instagram.com/editorasextante

Se quiser receber informações por e-mail,
basta se cadastrar diretamente no nosso site
ou enviar uma mensagem para
atendimento@esextante.com.br

Editora Sextante
Rua Voluntários da Pátria, 45 / 1.404 – Botafogo
Rio de Janeiro – RJ – 22270-000 – Brasil
Telefone: (21) 2538-4100 – Fax: (21) 2286-9244
E-mail: atendimento@esextante.com.br